新編 小学修身用書

巻之一

廣池千九郎

公益財団法人
モラロジー研究所

刊行にあたって

学校で学んで身につける知識や技能、思考力や判断力――子供たちが生涯を通じてこれらの力をよりよく生かし、生きがいと喜びに満ちた人生を創《つく》っていくためには、いったい何が必要でしょうか。本書の著者・廣池千九郎《ひろいけちくろう》（法学博士、一八六六～一九三八）は、一教師としてのこのような問題意識を温め続け、のちに総合人間学「モラロジー（道徳科学）」を創建しました。

廣池千九郎は幕末の大分・中津に生まれ、十四歳で小学校の補助教員になりました。やがて「教師たる者、国史を知らざるべからず」という恩師の言葉を受けて歴史学を志し、地方史研究の魁《さきがけ》となる『中津歴史』を二十代半ばで著します。その資料収集に苦労をした千九郎は、日本で初めて「アーカイブズ（古文書・記録文書類の保存館）」設置の必要性を提唱した人物でもあります。

三十代では法制史研究の道へと進み、独学で身を削るような努力をした結果、四十六歳で法学博士の学位を授与されます。しかし、学者として最高の栄誉を得たまさにそのとき、長年の無理がたたって重い病にかかり、生死の境をさまようことになったのです。「成功と幸福とは違う」と悟った千九郎は、初心に返って「人間がよりよく生きるための指針」の探究に後半生を捧《ささ》げます。それは学究生活の中で見いだした「人類の歴史を貫く不変の真理」を、後世のために書き遺《のこ》そうとする試みでもありました。昭和三年（一九二八）に初版が刊行された『道徳科学の論文』は、その成果を世に問うものです。

本書『新編小学修身用書』全三巻は、『道徳科学の論文』刊行の四十年前に当たる明治二十一年（一八八八）、千九郎が小学校で教鞭《きょうべん》を執っていた二十二歳のころの著作です。毎週一時間の「修身」の授業を充実させて子供たちによりよい生き方の指針を示すため、寸暇を惜しんで書き綴《つづ》ったもので、千九郎の人生初のまとまった著作であるのみならず、モラロジーの創建に至る道徳研究・道徳教育の原点とも言えるものです。

ここに登場するのは、有名・無名を問わず、勤勉・正直・礼節・質素・忍耐・倹約・親孝行などの「よき国民性」を発揮してみずからの志を全うし、国家・社会のために尽くした、わが国の先人たちです。個々の例話には当時の時代背景が色濃く表れていますが、その根底にある「わが国の先人たちが伝統的に培《つちか》ってきた道徳性を受け継ぐ〝日本人〟を育てる」という道徳教育の理念は、現代においても不変の価値を持つものであると確信します。

したがって、本書の中には、現代にはそぐわない内容も含まれていますが、原文を最大限に尊重しました。読者の皆様には、時代の相違に十分ご留意いただくとともに、著者の真意をお汲み取りいただきますようお願い申し上げます。

「国家の再生」「日本人の心の再生」が叫ばれる今、わが国の発展を支えてきた先人たちの生き方を思い起こし、これを二十一世紀を担う子供たちにしっかりと伝えていくために、本書が少しでもお役に立ちますなら望外の幸せです。

平成二十六年二月吉日

公益財団法人モラロジー研究所・学校法人廣池学園
理事長　廣池幹堂

目次

第十　実に世を益するの心ある者は富めども奢らず
第十一　艱難の荊棘は熱心の火に焚かるべし
第十二　正直の者は自然に福あり
第十三　孝子の一念、よく猛獣を斃す
第十四　家を守りてよく産を治め、夫に仕えてよく道を尽くすを真の美人という
第十五　千斤を抱くも人に謗られ、一銭なくして人に尊ばる、ただ仁と不仁とにあり
第十六　父母の己を愛せし心を心として父母に仕うべし
第十七　死生変わらざるは真の孝子なり
第十八　終身孝を尽くすも父母の恩に対して足らざるところあり
第十九　過ちては速やかに改むべし
第二十　己を利せんと欲せばまず人を利すべし
第二十一　誠実は勤労外の報酬を得
第二十二　世間の便利は工夫の母より産まる
第二十三　人の誠は死生の間に障壁を作らず
第二十四　子はよく父母の命に従い、身を労し心を尽くすべし
第二十五　兄弟は相愛し、相保つべし
第二十六　行いに昼夜明暗の別あるべからず
第二十七　活発なる気性ありて後、活発なる利益を得
第二十八　兵役は健全男子に生まるるの幸福を示すものなり

第二十九　人、これを笑うも己の志を変ずるなかれ
第三十　辛苦を厭わず郷党の利益を図る者は義人なり
第三十一　正しき辛苦の枝には必ず利益の花を見るべし
第三十二　松柏の操は雪霜によって現る
第三十三　柳条、折り来たって汗馬の鞭となる
第三十四　節倹をなすは身分に関せず
第三十五　農工商業は賤技にあらず
第三十六　善を行えば善報あり
第三十七　朋友の信義は難苦のときに見るべし
第三十八　国家に有用なる物産はよく繁殖を図るべし
第三十九　人の幼稚は白紙のごとし、善悪染んで洗いがたし
第四十　事の成否は志の厚薄にあるのみ
第四十一　他人を頼むは己を滅ぼすのはじめなり
第四十二　粉骨して働けば貧のために斃れず
第四十三　至孝の者はわが身の憂苦を知らず
第四十四　孝は百行の基なり
第四十五　礼節を守らざる富者は、これを守る貧者より賤し
第四十六　定見ある者は流行に誘われず
第四十七　利、大なるも一身のためにするは卑しむべく、小なるも公衆のためにするは尊ぶべし

第四十八　死すもなお身を世益にす
第四十九　義理のためには身命を擲つ
第五十　嘉言善行を聞見して身に行わざるは能書を読んで薬を服せざるがごとし

〈以下『新編小学修身用書』巻之三〉

第一　農法書は国家の宝典なり
第二　農業を執る者は農法を知らざるべからず
第三　世に生まれて益なき者は禽獣に劣れり
第四　民を救うは農政の学にあり
第五　一時の毀誉は憂うるに足らず、百年の公論、憂うべきのみ
第六　協力の至るところ、金石を堅しとせず
第七　事の成功は不屈忍耐の後に待つべし
第八　仕官は国益を図るの意より望むべし
第九　度量狭き者は大事をなすに足らず
第十　書を読むは事理を解せんがためなり
第十一　天子の恩は死に至りても忘るべからず
第十二　自国を思うの精神は自己を重からしむ
第十三　過ちあるもよくこれを改めば幸福を得るに至るべし
第十四　身の異動によりて志を変ずる者は小人なり

第十五　私の怨をもって公の益を害するなかれ
第十六　真正の愛国心は自国をして貴からしむ
第十七　難に臨みて身を退くる者は不義の徒なり
第十八　寸恩は尺報すべし
第十九　誠心の至るところ、事の成らざるなし
第二十　国難に遭えば男女を論ぜず力に従いて働くべし
第二十一　人民幸福の進歩は発明の力による
第二十二　人、我に負くも、我、人に負くなかれ
第二十三　幼稚のとき、父母の命に違う者は、長じて何事も成し得ることなし
第二十四　わが道に力を尽くす者を真の尽力家と言う
第二十五　親に仕えて孝なれば自然に福あり
第二十六　楽歳に凶年を思うべし
第二十七　人の親睦は神の企望なり
第二十八　真正の勇気は義人の脳裏に住む
第二十九　愚者と争えば己もまた愚なり
第三十　行い正しき人は危うきを知らず
第三十一　勉強は不景気に克つの力あり
第三十二　国事に力を尽くす者は厚き待遇を受く
第三十三　賢者は危うきに近づかず、またよく人を愛す

第三十四　身を愛する者は、またよく国を愛すべし
第三十五　招かずして来たるの禍なし
第三十六　富むとき富裕を言わず、貧しきとき貧窮を語るべからず
第三十七　兄弟の友愛は一家を固むるの轄なり
第三十八　よく親を養い、またよく親を安んずべし
第三十九　何等の職業を問わず、困難に克ちてよくこれを守り、よくこれを勤むべし
第四十　忍耐すれば事ついに成る
第四十一　みずから業を励み、また人を勧めて業を勉めしむべし
第四十二　よく積み、よく散ずるを真の理財者とす
第四十三　志を合わせたる姉妹の力は丈夫に優れり
第四十四　国民たる者は大義名分を誤ることなかれ
第四十五　正しく工夫を凝らせば新発明をなし得べし
第四十六　良法善規はよく事業を全からしむ
第四十七　真正に世の福利を祈らんと欲せば、視聴の二官をゆるがせにすべからず
第四十八　己の利害を顧みずして国家の利益を図るべし
第四十九　実着に事業を励む者は富貴名誉共に至らん
第五十　成功は労苦の結果なり

装丁――株式会社エヌ・ワイ・ピー

凡例

一、本書は、明治二十一年（一八八八）に発行された廣池千九郎著『新編小学修身用書』（全三巻）巻之一の復刻版である。巻末には付録として、明治二十年に著された稿本「改正新案小学修身口授《くじゅ》書外篇」を収録した。

二、原文の尊重に努めたが、現代的視点から検討を加え、表現上不適切と思われる箇所は削除ないし修正した。また、明らかな誤記・誤植と思われるものは修正した。

三、読みやすさを考慮し、すべて現代かなづかいに改めたほか、一部の漢字を平がなや同音の漢字に改めた。

四、適宜ふりがなや句読点、改行を施した。

五、漢文は書き下し文に改めた。

六、各項の末尾に注を付した。

新編小学修身用書　巻之一

小学修身用書　序

徳育という、知育という、体育という、三者は鼎足併行《ていそくへいこう》して、教育の道、備わる。

わが国封建の世、士、もっぱら文武を教習す。武すなわち弓鎗剣馬《きゅうそうけんば》、文すなわち忠信孝悌《ちゅうしんこうてい》なり。農工商估《のうこうしょうこ》、学ぶところなしといえども、またおのずから化育す。徳育と体育とは、ようやく備わる。

維新以来、泰西《たいせい》の学術盛行たり。人々、奇を好み、新を競う。知育、漸次にその歩を進めて、徳体二育やや衰う。近時、叡念《えいねん》深く、拡張咸備、人気すこぶる起く。各学校、争いて体操の科を設け、ここにおいて体育またようやく盛んなり。ひとり徳育に至りては、人々、主義定まらず。教科書類の完備せるものは、はなはだ少なし。余、深くこれを憂う。

新編小学修身用書　巻之一

たまさかに廣池某の著すところの小学修身用書を見る。その文平易にして、そのこと切実、また、児童の徳育を補うところありと言うべし。すなわち平生思うところを述べ、もってその序に代う。

明治二十一年十一月二十五日

清高堂主人　関新撰

例言

一、この書は尋常小学二・三・四年級、もしくは温習級の修身科口授《くじゅ》に用うるため、編成せるところなり。

一、修身の口授を平均一週一回とみなし、一期間、すなわち五十週中に用うるためとして、各級五十個の格言・事実を掲載せり。

一、この書は生徒をして、はじめに国民の具有すべき貴重なる気質を涵養《かんよう》せしめ、次に実業と学問とを兼ね愛するの念を養成せんがため、その主意に適したる人物を選択せり。

一、従来の教科書、多くは学問・徳行をもって美官・厚禄を得し人物の事跡を記載するがゆえに、児童の心を高尚に導き、実業を賤《いや》しむの念を生ぜしむ。この書はその弊を矯《た》むるの微意を存せり。

新編小学修身用書　巻之一

一、書中の人物は、官報によりしあり、農工商公報によりしあり、新聞紙によりしあり、その他諸書による等、基因一ならずといえども、要するに皆、わが邦人のみを採り、かつ努めて近世の者を選ぶ。これ、児童の感覚をして切実ならしめんがためなり。

一、書中の格言は、あながち古人の語を用いずして、児童に解しやすきものを新たに選びたり。かつ類別をなさざるは、類別するの実益、少なきを見ればなり。

一、教授の法は、あるいは格言を前に教えて事実を後に談じ、もってその主義を演繹《えんえき》することあり、あるいは事実を前に談じて格言を後に授け、もってこれを概括することあり。教授者、そのよきに従うべし。

明治二十一年十一月

著者識

第一　貧しくとも学ばざるべからず

渡邊磯吉《わたなべいそきち》は、豊後国《ぶんごのくに》玖珠《くす》郡松木《まつぎ》村の育次《いくじ》の子なり。家、はなはだ貧しく、他人の田畑を小作して辛く生活する者なれども、父子共に志を学に篤《あつ》くして、磯吉、先年来、同村小学校に入り、他の児童に排斥せらるるをも厭《いと》わず、よく勉学するがゆえに、初等科を終わり、中等科も追々上級に進みけり。その間、県庁・郡衙《ぐんが》より賞品を受けしこと、数度なりという。

○豊後国＝現在の大分県の北部を除いた大部分に当たる。
○小作＝地主から土地を借り、小作料を払って農業を営むこと。

○厭う＝きらって避ける。いやがる。
○郡衙＝郡役所。

第二　人は貧しくとも学に篤《あつ》ければ卑しめられず

井上小右衛門《いのうえこえもん》は、豊前国中津《ぶぜんのくになかつ》近在の者なり。その家、はなはだ貧しくして、常に衣食に苦しめども、小右衛門、幼きより学を好み、小学校に入りて初等科を卒業し、中等科に上りけるとき、学業優等なりとて大分県庁より修身書数冊を賞与せられたり。

その後、ようやくにして日本立志編一冊を購《あがな》うことを得、毎日登校して勉学する中、家計ますます貧困に赴《おもむ》き、いかんともすべからざるに至り、父は先に購いし日本立志編を他の子供に売りて飯料に充てんと図りけるを、小右衛門、大いに嘆き悲しみ、「児《こ》、いかなる苦役をも勤めて家計を助くべければ、書を売ることのみは思いとどまりたまわれ」とて、これより昼間、学校に出《い》ずるを廃し、日々、田畑に出でて父の耕作を助け、夜は教師の宅に通いて読書・算術を学び、一日も怠ることなかりしという。

○豊前国＝現在の福岡県東部と大分県北部に当たる。
○児＝子が親に対するときに用いる自称。

第三　貧しくとも親を大事にすべし

猪股《いのまた》テルは、豊前国中津《ぶぜんのくになかつ》の者なり。

家、もとより貧しく、貸本の営業をなして細くもその日を送る中、父・七郎治《しちろうじ》は齢《よわい》すでに七十の上を越し、いと老衰の体なるに、明治十九年の冬ごろより難病にかかりければ、わずかに得るところの貸本の見料はことごとく医薬の代料に充て、その療養に手を尽くせども、効験さらに見ゆることなく、ただ貧窶《ひんる》を重ぬるのみなり。かかるありさまなれども、テルは父の前にてはいささかも憂うる色をなさず、昼は縫い物などを勉めて活計の助けとなし、夜は父の枕辺に座して帯紐を解きしことなく、小説中にある種々の珍説・美談等を話して、その心を慰むることを勉めたり。

されば同地に発兌《はつだ》する田舎新報は、その行いを称揚したるより、有志の人々、若干の金を恵みたりという。

○貧窶＝貧苦のためにやつれること。
○活計＝家計。生計。
○発兌＝新聞などを印刷して世に出すこと。発行。

第四　父母、病あらば傍《かたわ》らに侍《はべ》るべし

伝蔵《でんぞう》は、安芸国高田郡《あきのくにたかた》桂村《かつら》の人にて、十歳のとき、母、大病にかかり、その看病をなす。

一日、外国人その村を通行するとて、闔村《こうそん》の人、狂のごとく走り出でてこれを見ければ、家内の人々、伝蔵に勧めて「出で見よ」と言《い》えども、ついに出でず。また、かつて隣家に伊勢《いせ》神楽《かぐら》の舞ありて、村内の児童群集して、歓笑の声、喧《かまびす》しく聞こゆれども、伝蔵、さらに母の傍らを離れず。

かく孝行なりけるゆえ、伝蔵十一歳のとき、藩主より賞与を

賜りたり。

○安芸国＝現在の広島県西部。
○一日＝ある日。
○闔村＝村中。
○喧しい＝やかましい。さわがしい。

第五　父母、難にかからば身をもって代わるべし

政太郎《まさたろう》は、美作国《みまさかのくに》津山吹山《つやまふきやま》町の売人なり。

年十三のとき、父・吉右衛門《きちえもん》、罪ありて獄につながる。政太郎、藩庁に至り、己の身をもって父に代わらんことを乞《こ》う。官吏、その偽りなるを疑いて許さず。よって人のために傭役《ようえき》し、その得るところの賃銭をもって衣食を調《ととの》え、獄中に送輸し、祁《き》寒暑《かんしょ》雨《う》といえども少しも怠らざること数年にして、また乞うこと始めのごとし。かつ、いわく「もし許されずんば、獄に入りて父に仕えん」と。ここにおいて仮にこれを試みるに、その孝

養、至らざるところなし。

ときに町吏、連署してその孝状を上申するに会い、藩主、ついに吉右衛門を許し、政太郎を賞す。これ嘉永三年のことなり。

○美作国＝現在の岡山県北部に当たる。

○官吏＝役人。

○傭役＝雇われて使われること。

○祁寒＝厳しい寒さ。

○暑雨＝夏の暑いころに降る雨。

○嘉永三年＝一八五〇年。

第六　業を励みて親を養うは子の務めなり

岩次《いわじ》は、江戸橋本町《えどはしもと》の彫工なり。父・半次《はんじ》、久しく病みて死せしかば、家資蕩尽《とうじん》して余すところなし。岩次、ときに年十三なるが、祖母と母と二人の弟と、合わせて四人、ただ岩次に頼りて生活す。ゆえに岩次、昼は他の剞劂師《きけつし》に雇われて賃銭を得、夜は家に帰りて深更《しんこう》まで版を彫る。祖母等、その幼弱にして精神を過労し、あるいは病を生ぜんことを慮《おもんぱか》り、「夜は早く寝ねて休息《い》すべし」と言えば、岩次、これを諾《だく》して寝に就き、家人の熟睡するをうかがい、ひそかに起きて工事をなす。

幕府、これを聞き、岩次を召して白銀七錠を賜い、別に祖母には終身一人口米《くちまい》を給せり。

○彫工＝彫刻師。
○家資＝家の資産。
○蕩尽＝財産などを使い果たすこと。
○剞劂師＝版木を彫る人。
○深更＝夜更け。深夜。
○口米＝年貢米の減損などを補うために課徴された税米。

第七　男子は兵役に就くを喜ぶべし

高倉福市《たかくらふくいち》は、豊後国日田村《ぶんごのくにひたむら》の農、源平《げんぺい》の二子なり。

さて、明治の初年ごろは、徴兵の制、はじめて行われしときなれば、人々、皆兵役に就くを厭《いと》い、いかにもしてこれを免れんとするの風ありしが、ひとり福市親子は、よく国民なる者の義務を知れる者にて、福市、明治七年の抽選に当たりて入営のはずに定まりし際、臨場の官吏に向かいて「今日《こんにち》の時勢なればこそ、われわれのごとき小民すら、天朝の御用に立つべけれ。かくなる上は一日も早く入営して、一分の功を立てたし」と願うにぞ、官吏も大いにこれを感じ、直ちに鎮台に呼び出して壮兵と名づけ、上等卒に採用せり。その後、兄・徳二郎《とくじろう》病死せしにより、当時の徴兵令によりては免役となるべきを、福市の志願により、なお隊に止めおきけるに、間もなく明治十年、九州大乱起こりければ、福市、処々に転戦して大いに功労を立て、その翌年に至り、ついに後備兵に編入せられて家に帰り、これよりまた農事に勉励して、親に孝を尽くしたりという。

○鎮台＝明治前期の陸軍の軍団。明治四年（一八七一）、鎮西・東北・東京・大阪に設置。同六年の徴兵令施行後は、東京・仙台・名古屋・大阪・広島・熊本の六鎮台とした。
○壮兵＝元気盛んな兵士。
○上等卒＝上等兵の旧称。

第八　養育の恩は山より高く、母の恩は忘るべからず

奥田佐治兵衛《おくださじべえ》は、丹波国天田郡《たんばのくにあまた》天津《あまづ》の人にて、性質廉直《れんちょく》、行状方正、父の死せし後は母に仕えて孝道を尽くし、妻・イチを娶《めと》るに及びても、夫妻の間、相愛するの情に流れず、他人に対して信義を失わず、母の命ずるところは毫《ごう》も悖戾《はいれい》せしことなし。

元来、その家ははなはだ貧しくして、田畑なく、ただ他人に雇われ、または車を曳《ひ》きてようやく糊口《ここう》するほどなれども、母のたしなむものは、たとい己の食を廃するも、これを求めて奉ぜざることなく、明治九年以来、母、中風病にかかりて、起居自

在ならざるを、夫婦共に心を尽くし、佐治兵衛、昼は家業に出《い》ずるがゆえに、妻・イチのみ終日母の傍《かたわ》らを離れず、夜は二人にて病蓐《びょうじょく》を守り、十余年の久しき一日のごとく、その行、奇特なりとて、戸長および福山警察署より京都府に上申なしければ、明治十九年三月、北垣《きたがき》知事より賞金若干を賜りたり。

○丹波国＝現在の京都府中部と兵庫県北東部に当たる。
○廉直＝心が清らかで、まっすぐなこと。
○行状＝日々の行い。品行。
○毫も＝少しも。
○悖戻＝そむき逆らうこと。
○糊口＝暮らしを立てること。
○中風＝脳卒中や、その後遺症である半身不随・手足の麻痺などの症状を言う。
○病蓐＝病床。

第九　徳、孤《こ》ならず、ゆえに小徳も行うべし

緒方某《おがたなにがし》は、大阪北区警察署の巡査なり。

一日、天満《てんま》の町を巡回する際、路傍に倒れたる人ありければ、呼び起こしてその仔細《しさい》を尋ねるに、その人、涙を浮かべて答えけるよう、「私は西成《にしなり》郡の者にて、前に種々の難に遭《あ》い、家産蕩尽《とうじん》して妻子を養うの資なく、日夜働けども、子供の多きがため、とにかく食物に差し支え、すでに数日前より食すべきものなきにより、今日、岩井《いわい》町の親類にて金を借らんと思いて赴《おもむ》きけるに、先ごろ他へ転宅せし由《よし》にて、その居所、詳《つまび》らかならず、

落胆しながら帰る中、昨日より一椀《わん》の食をもなさざれば、疲労して足腰立たず、ついにここに倒れたるなり」と。

殊《こと》に哀れなる体なりければ、緒方巡査、これを憐《あわ》れみ、持ち合わせの金六銭を出して与えければ、その辺にありてこれを見し者、皆憐憫《れんびん》の情を起こし、青物売りの安井源二郎《やすいげんじろう》、および客待ちの車夫・中西良蔵《なかにしりょうぞう》等、我も我もと一、二銭ずつ出し、都合十四銭の金を恵みければ、かの男、大いに喜び、一膳《ぜん》の飯を求めて食い、残金を持ちて家に帰れり。

第十　わが身栄ゆるに至るも人の恩を忘るべからず

鈴木才治《すずきさいじ》は、伊予国宇摩郡天満村《いよのくにうまてんま》の人なり。力、あくまで強けれども、性質、至って優しくして、人を敬し、己を謙す。十八歳のとき、思えらく「わが身は三男のことなれば、家にありて別家《べっけ》をなすなどは、ただ父母の憂いを増すのみなり。しかず、独立の生活をなさんには」と。父母に請うて大阪に来たり、永楽伊助《えいらくいすけ》という者によりて、ついにその家の召使となる。すでにして伊助等の周旋により、時津風藤八《ときつかぜとうはち》という力士の弟子となり、早瀬川《はやせがわ》と号す。もとより膂力《りょりょく》、非凡なれば、三府九州、至るところにて、しきりに勝ちを取りしかば、はじめ二円五十銭の給料より十五円に上がり、たちまち関取の員に入りたり。しかるに、才治はこれをもって皆、伊助夫婦の庇蔭《ひいん》なりと喜び、暇のときは常にその家にありて家事を手伝いおりしが、伊助の妻は不図《ふと》、病にかかり、はかなく世を去りければ、あたかも慈母を失いたるがごとく嘆き悲しみ、その後とても、ひたすら伊助を慰めつつ、なおその家事を助けければ、これを見聞する者、感ぜぬはなかりしという。

○伊予国＝現在の愛媛県。
○すでにして＝そうこうしているうちに。
○周旋＝当事者の間に入って取り持つこと。斡旋。
○膂力＝腕などの筋肉の力。

○三府＝当時の東京府・京都府・大阪府の総称。
○庇蔭＝おかげ。
○不図＝不意に。思いがけず。

第十一　世益を図るは男女にかかわらず

笠原《かさはら》ヨシは、大阪伊勢町の人なり。幼きときより養蚕《ようさん》の道を好みて、数年、その業に従事しければ、長ずるに及びて発明するところ多くして、大いにその法に通暁《つうぎょう》せしかば、広くその法を世に伝え、養蚕の事業を拡張せんと、明治十四年、歳《よわい》十八にして単身郷里を去り、四国を経て九州に入り、多くの養蚕家を訪《とぶら》いて良法を授け示し、それより帰りて中国・北国等に至り、処々を奔走して該業の伝習を図るという。

○養蚕＝繭を取る目的で蚕を飼育すること。
○通暁＝よく知り抜いていること。

第十二　孝順の力、よく強盗の勢いを挫《くじ》く

清水安太郎《しみずやすたろう》、同音之助《おとのすけ》の兄弟は、和泉国大鳥郡《いずみのくにおおとり》湊《みなと》村の者にて、今を去ること五年前、父に死に別れ、ただ母一人のみを持てり。性質すこぶる怜悧《れいり》にして、母に仕え、孝を尽くし、村内の者、褒めざるはなかりしが、明治十九年の春一夜、盗賊二人忍び入り、薪《たきぎ》を取りて母を打ち殺さんとす。

安太郎、このとき十二歳、弟・音之助、九歳なりけるが、いかんともすることあたわざれば、兄弟等しくして盗賊の前に伏してこれを拝し、母の命を乞《こ》いしかば、暴悪惨忍の強賊も、こ

れに感じてついに立ち去りたり。

○和泉国＝現在の大阪府南部。
○怜悧＝賢いこと。利口なこと。

第十三　人に敬わるるは人を益するより来たる

堀次郎《ほりじろう》は、播州明石《ばんしゅうあかし》の人なり。ゆえありて越後国北魚沼郡《えちごのくにきたうおぬま》小千谷《おぢや》に来たり、その地に産する縮布《ちぢみぬの》を一見して、これを改良せばやと思い、これより多年の間、工夫を凝らし、妻子に謀《はか》りて従来の白布に縮みを加え、また縞《しま》あるいは絣《かすり》を織り出し、かつこの法を郷人《きょうじん》に伝授す。これより販路、大いに開けて、はじめて越後縮布の名、世上に広まり、大いに称揚せらるるを得たり。

後、土地の人、その功徳を追思し、一宇《いちう》を葬地・極楽寺内に建て、明石堂と呼ぶ。けだし、その生国《しょうごく》、明石なればなり。

○播州＝播磨国（現在の兵庫県南西部）の別称。
○越後国＝佐渡を除く現在の新潟県の全域に当たる。
○一宇＝一棟の家や堂塔。一軒。

第十四　たとい小物なりとも一見すればよく意を用うべし

帆足万里《ほあしばんり》、かつて山村に遊び、大雨にわかに至りて家に帰るを得ざれば、その村の紺屋《こうや》に一宿せり。万里、毎夜書を読むの習慣あれば、その夜もものの寂しく、主人に向かいて「何にても蔵書あらば見せたまえ」と言えども、もとより田舎《いなか》のことゆえ、一巻の書籍だになく、ついに染物代の貸付帳を出し、見せたり。さて、数日を経て、その紺屋、火災にかかり、家財はもちろん、諸帳簿までも消失して、染代の貸付もさらに分明ならざるに至るときに、主人、たちまち考えつきけるは、「先に貸付帳を帆足先生に見せたることあり。先生は学者なれば、あるいは少しくらい、その記事を覚えおらん」と。先生のもとに至りてその由《よし》を告げければ、先生、直ちに筆と紙を取り、しばらく考えては一を記し、また考えては一を記し、ついに貸付の金額・人名、まったく元の帳簿と同じきものを得たりという。

○帆足万里（一七七八〜一八五二）＝儒学者。豊後日出藩の家老の子で、藩校の教授となり、のちに家老として藩政を改革した。
○紺屋＝染物屋。

第十五　人は老いても勉むべし

小川含章《おがわがんしょう》、歳七十余《よわい》なれども、日々講堂にありて数回の講義をなし、また、あまたの生徒より質疑せらるるに応じ、しこうして少しく間あれば、なおみずから書を読みて倦《う》まず。毎夜、生徒寄宿舎の一室に移り、寒暑を論ぜず、十二時に至るまでは必ず書に向かう。その勤勉、青年の子弟に優れり。

○小川含章（一八一二〜一八九四）＝漢学者。大分県で私塾「麗澤館」を開き、実学の尊重と道徳の奨励を基礎とする教育を展開。本書の著者・廣池千九郎は十七歳で麗澤館に入塾し、当時七十一歳であった小川含章から多大な影響を受けた。

第十六　人は富貴なるも倹約すべし

黒田《くろだ》中将は、かねて節倹朴素《せっけんぼくそ》の聞こえ高き人なりしが、明治二十年夏、農商務大臣の顕職《けんしょく》にあるも、なお己を奉ずること、はなはだ薄く、車馬を具せず、僕を従えずして徒行することさえ多く、また、かつて旧主・島津《しまづ》公の邸《やしき》を訪《とぶら》われたるときのごときは、衣服もはなはだ麤《そ》にして、車もまた通常のものなりしかば、人々、皆感じ合えりとぞ。

○黒田中将＝黒田清隆（一八四〇〜一九〇〇）。幕末・明治期の政治家。薩摩藩士。北海道開拓使長官・農商務大臣・逓信大臣・首相・枢密院議長等を歴任した。

○節倹朴素＝質素で飾り気がないこと。
○顕職＝地位の高い官職。高官。要職。
○僕＝男性の召使。
○麤＝粗末であること。

第十七　身の運動を怠るべからず

福沢《ふくざわ》先生は身の運動を助くるため、若きときは毎日薪《たきぎ》を割り、かつ米、若干宛をつきおりたり。その後に至りては、先生、毎朝必ず早く起きて、庭園の掃除等をなして運動をなすという。

誰しも運動を適宜にせざれば、身体を弱くすべけれども、殊《こと》に学問する者は、適宜の運動をなさざれば、健康を害すべし。

○福沢先生＝福沢諭吉（一八三四～一九〇一）。豊前中津藩士の子。緒方洪庵に蘭学を学ぶ。幕府の使節に随行して三回欧米に渡り、『西洋事情』等を著した。慶應義塾を創設したほか、『学問のすゝめ』をはじめ、多くの著作を発表した。

第十八　友の危うきを見ば、直ちにこれを救うべし

内藤魯一《ないとうろいち》、板垣《いたがき》伯に従い、明治十五年四月、美濃国岐阜《みののくにぎふ》の懇親会に臨む。

宴たけなわにして、伯、まさに旅寓《りょぐう》に帰らんと、玄関を出《い》で行くこと数歩、ときに相原尚褧《あいはらなおぶみ》という者あり、板垣伯の朝廷に対して異心あるを疑い、ひそかに伯を殺さんと欲し、ことさらにこの宴に列せしが、今、伯の出ずるに尾してここに至り、にわかに匕首《あいくち》をもって伯を刺さんとす。伯、急に手をもって防げども、事、不意に起こり、人々、茫然《ぼうぜん》としてこれを救う者なく、

ほとんど危急に迫りたるを、ひとり内藤魯一、進み出《い》で、尚褧を捕らえ、これを投げ退けたり。よって伯はわずかの傷を負いしのみにてやむことを得たり。

○板垣伯＝板垣退助（一八三七～一九一九）。自由民権運動の指導者。明治七年、民撰議院設立建白書を政府に提出。同十四年、自由党を創設。のちに第二次伊藤内閣・第一次大隈内閣の内務大臣を務めた。
○旅寓＝旅の宿。
○匕首＝鍔《つば》のない短刀。

第十九　人は正直なるべく、また温和なるべし

泉原丹助《いずみはらにすけ》は、豊前国下毛郡《ぶぜんのくにしもげ》湯屋村《ゆや》の人なり。性質温順にして正直なり。

かつて朝早く起き、糞汁《ふんじゅう》を買わんがため、中津《なかつ》の町に行く途中にて、絹の財布を拾いたれば、中をあらため見るに、金十両入りたり。丹助、大いに驚き、直ちに家に帰りて、その金を拾いたることを高札《こうさつ》に書きつけ、処々に立て置けり。これ、従前は今のごとく警察署の設けなきがゆえなり。

数月を経て、遺主、酒二升を携え来たりてこれを贈り、その

金を返さんことを請う。丹助、喜び、直ちにその金を返して、その酒を受けず。しかれども、遺主、固く受けんことを強《し》うるがゆえに、その心を安んずるがため、これを受けて、直ちに近隣の人を招き、その酒を飲ましめたり。

また、一日、未明に起きて菜圃《さいほ》に行きしに、村人某《なにがし》なる者、その茄子《なす》を盗むを認めたりければ、某、大いに恐れ、俯伏《ふふく》してその罪を謝す。丹助、笑《わろ》うていわく、「夜、いまだまったく明けず。おそらくはその圃を誤りて入りしならん。あえてこれを謝するに及ばず」と。

○高札＝法度・掟書・罪人の罪状などを記して、人目を引く場所に高く掲げた札。
○遺主＝落とし主。

○菜圃＝野菜を植えた畑。菜園。
○俯伏＝ひれふすこと。

第二十　子は父母の心に従い、常に顔色を和らぐべし

伊達治右衛門《だてじえもん》は、出雲国松江《いずものくにまつえ》の藩士なり。知行《ちぎょう》、微なれども、父母を養うには常に鮮醲《せんじょう》あり。召使は至誠ならざるがゆえに、身みずから刀俎《とうそ》を取り、割烹《かっぽう》のときに臨みては、調理の方を父母に問い、その好みに応ぜんとす。父のいわく「膾《なます》につくれ」、母のいわく「羹《あつもの》につくれ」と、おのおののその命ずるところに従い、朝夕の食、常に美味を欠きたることなし。藩主、これを嘉《よみ》し、数々珍餌《ちんじ》を賜いて父母に勧めしむ。また、治右衛門、常に父母に対するときは顔色を和《やわ》らげ、声《こわ》

音《ね》を柔らかにし、種々のおもしろき談話を説きてこれを楽しましめ、かつ父母を喜ばしめんと欲し、みずから父母を負うて堂を下り、庭園を散歩するなど、すべて父母の心を安んずるをもって主とす。

ときに士民、皆言う、「国中の孝子、伊達氏をもって第一とす」と。

○出雲国＝現在の島根県東部。
○鮮醲＝新鮮な魚や肉、濃い酒。
○刀俎＝かたなとまないた。
○割烹＝食物の調理。
○嘉する＝（目上の者が目下の者を）褒め称える。
○珍餌＝めずらしい食べ物。

第二十一　人は頓知を養うべし

林長四郎《はやしちょうしろう》は、山城国宇治郡《やましろのくにうじ》日野《ひの》村の農民なり。かつて井戸浚《さら》えのとき、みずから井中に入り、子、某《なにがし》をして井の上にあり、泥を揚げしむ。たまたま井戸側、崩壊して、土、大いに井中に落つ。長四郎、とみに鍬《くわ》を頭上に上げ、かつ片手に釣杯《ちょうはい》を持ちて土を支えければ、身体、埋まりたれども、ついにつつがなきことを得たり。

○頓知＝機に応じてはたらく知恵。機知。
○山城国＝現在の京都府南部。

第二十二　行いは正しくすべし

西島安三《にしじまやすぞう》は、大阪今橋《いまばし》の者にて、車を曳《ひ》くをもって業となす者なれども、性質ははなはだ正直なり。かつて道にて金十五円を拾い取り、警察署に訴えんとする際、その遺主、来たりてこれを請う。安三、そのあるいは過ちを生ぜんことを恐れ、共に警察署に至りてこれを渡す。その人喜び、金一円を出して謝礼とせんとすれども、安三、さらに受けざりけるを、警官の説諭によりて、ようやくこれを収めたりという。

第二十三　境にある物は他人に譲るべし

石田梅岩《いしだばいがん》、十歳のとき、山に入り、自家所有の地と隣地との境に落ちたりし栗子数顆《か》を拾い、帰りて父に示す。父のいわく、「境にある物は、いまだ必ずしも己の物たるを保せず。かくのごときは取らざるをよしとす」と。梅岩、すなわち父の命に従い、その栗子を元のところに持ち行きて置けりという。

○石田梅岩（一六八五～一七四四）＝思想家。石門心学の祖。丹波の農家に生まれる。京都の商家に奉公しながら神道・儒教・仏教などを学び、「人の道たる道」を追究。庶民の啓蒙に努めた。

第二十四　人を思うこと、己を思うがごとくすべし

伊藤長衡《いとうちょうこう》、他人の家を借りて住す。かつて火箸《ひばし》を台所の敷板の下に落とし、しきりにこれを探す際、たまたま人あり、来たり見て、そのゆえを問う。長衡いわく、「我、火箸を惜しむにあらず。ただ我、この家を去りし後、他人の来たりて住する者、あるいは誤りて敷板を踏み落とし、この火箸にて足を傷つけんことを恐れ、かく探し求むるなり」と言えりとぞ。

第二十五　朝早く起くるは家の栄ゆる基なり

武信仲助《たけのぶちゅうすけ》、はじめ、はなはだ貧なりしが、毎日未明に起きて家事を営み、夜半に至らざれば寝《い》ねざること二十年、ついに田畑五丁余歩を得て、近郷屈指の富家となれり。

西洋のことわざに「毎日六時に起くる者は、八時に起くる者に比すれば、四十年には二万九千二百時、すなわち三年百二十一日十六時の差あり」と言えり。時を惜しむの益、かくのごとし。

第二十六　遊技を知らざるは恥にあらず

権兵衛《ごんべえ》は、武蔵国葛飾郡《むさしのくにかつしかぐん》某《なにがし》村の村長なり。幼きより農業を励みけるが、かつて村内の農民を伴い、伊勢参宮をなし、神官の家に一宿せしかば、神官、これを茶室に誘うて茶の饗応《きょうおう》をなせり。権兵衛、茶席に出ずる《い》は初めてのことにして、毫《ごう》もその法を知らず、大いに困惑したりければ、帰国の後、柳澤里恭《やなぎさわりきょう》という人に就き、この道を学ばんとす。里恭いわく、「遊技はこれを知らざるも可なり。ただ君は農事に出精して、村人の模範となるべし」と言えり。

○武蔵国＝現在の東京都・埼玉県および神奈川県の一部。
○饗応＝酒食を供して客をもてなすこと。

第二十七　人のためには親切なるべし

吉田松陰《よしだしょういん》は、徳川幕府の季世《きせい》に当たりて有名の賢人なり。この人、毎朝早く起きて書を読むを常とす。もし近隣の人、朝寝して、起くること遅ければ、これを呼び起こし与う。また、家業を怠り、あるいは不良の行いをなす者等には懇々説き、勧めて善に向かわしめたり。

○吉田松陰（一八三〇～一八五九）＝幕末の志士。長州藩士。兵学に通じ、江戸に出て佐久間象山に学ぶ。米艦渡来の際に海外密航を企て、萩にて投獄。のちに松下村塾を開き、門下から多くの俊才を輩出。安政の大獄により江戸で刑死。
○季世＝末の世。

第二十八　無益の危険を冒すことなかれ

塚原卜伝《つかはらぼくでん》は、剣術の達人なり。

その弟子某《なにがし》、かつて道につなぎたる馬の後を過ぎしに、馬、たちまち足を上げて跳ねけるを、某、直ちに身をかわしてこれを避けたり。人々、大いにその術を賞讃すれども、卜伝、ひとりこれを賞せず。

ここにおいて弟子、相謀《はか》りて、卜伝の術を試みんと欲し、ことさらに卜伝の通行する径路に馬をつなぎ置けり。卜伝、遠くこれを避けて過ぎ行きしかば、馬、ついに跳ねず。

弟子、皆憮然《ぶぜん》としてそのゆえを問う。答えていわく、「馬に近づくは、もと危険の業《わざ》なり。これを知りつつ近づきて、無益の危険を冒すは、智者のとらざるところなり」と。

○塚原卜伝（一四八九〜一五七一）＝室町後期の剣客。常陸鹿島神宮の祀官の家に生まれ、神道流などを学ぶ。新当流を創始し、将軍・足利義輝らに指南したとされる。

第二十九　力を惜しまずして世益を図るべし

忠兵衛《ちゅうべえ》・文治《ぶんじ》は、下総国《しもうさのくに》の農民にして、共に正直の人なり。忠兵衛は、常に村内の道路・橋梁《きょうりょう》の破損を修繕し、あるいは大雨のとき、路傍のたまり水を切り流し、あるいは冬日、道路の積雪を掃除して通行に便する等、すべて村中の利益を図る。また、文治は、人のまさに捨てんとする古蓑《ふるみの》・破笠《はりゅう》、その他、菰《こも》・筵《むしろ》等をもらい受け、急雨のとき、これを旅人に施す等、すべて世人のために己を労す。

ゆえに当時、その名、近国まで聞こえしとぞ。

○下総国＝現在の千葉県北部および茨城県南西部に当たる。
○菰＝粗く織った筵。

第三十　人を待つには誠をもってすべし

西郷隆盛《さいごうたかもり》、かつて薩州《さっしゅう》鹿児島にありて人を饗《きょう》すときに、一女子、過ちて座上に並列せる膳部《ぜんぶ》の上を越す。隆盛、大いにこれを叱《しっ》し、その膳を換えしめんとす。衆、皆いわく、「これ、はなはだ些少《さしょう》の過ちにて、あえて膳部を汚せしにあらず。これを換えざるも可なるべし」と。隆盛いわく、「否《いな》。たとい賓客、これを見ざるも、召使の裾《すそ》を触れたる不潔の膳部を供するの理、あらんや」と。さらにその膳部を取り換えしめたりという。

○西郷隆盛（一八二七～一八七七）＝薩摩藩士として尊王攘夷運動を指導し、江戸城無血開城に尽力。明治政府の参議となるも、征韓論に敗れて下野。帰郷して鹿児島に私学校を開設したが、士族に擁立されて西南戦争を起こし、敗れて自刃。
○饗す＝酒食を供して客をもてなす。
○膳部＝膳に載せて供する食物・料理。食膳。

第三十一　人は分に従いて孝養を尽くし得べし

長薫《ちょうくん》は、陸奥国大沼郡《むつのくにおおぬま》黒澤《くろさわ》村の人にて、両目、物を見ず。家、はなはだ貧にして、父母共に老いて、歩行不自由なり。長薫、糸竹《しちく》唱歌の技に通ぜざるをもって、盲目ながら人に雇われて粉をすり、穀をつき、わずかの賃銭を得、もって父母を養う。常に雇わるる先にて己の食の半を分かち、帰りて父母に供し、また、腰に瓢《ひさご》をつけて、人の与うる酒を持ち帰りて、父に勧む。里人、これを憐《あわ》れみ、さらに持ち帰るべき料を与えんとすれども、固く辞して受くることなく、すこぶる廉潔《れんけつ》の行いあり。

昼は終日労働し、夜は山中にたどり入り、薪《たきぎ》を拾い、枝を折りて貯《たくわ》え置き、閑暇《かんか》の日を選びて、これを市に鬻《ひさ》ぐ。また、その道に只見《ただみ》という川ありて、橋を架せり。長薫、この橋を渡らずして、常に下流の浅瀬を渡り、往来す。ある人、そのゆえを問う。答えていわく、「予、盲目にして物を見ざれば、もし誤りて橋下の深水に陥り、溺死《できし》の不幸を醸《かも》すことあらば、老親をいかんせん。身は少しく冷ゆれども、下流に回るの安全なるにしかず」と。一挙手一投足も、父母を忘るるのときなし。されば領主、月俸を賜いて門閭《もんりょ》に旌表《せいひょう》せり。

○陸奥国＝現在の青森・岩手・宮城・福島の四県と秋田県の一部。
○糸竹＝楽器の総称。「糸」は琴・三味線等の弦楽器、「竹」は笛等の管楽器をいう。

○瓢＝ヒョウタンの実の内部をくり抜いて乾燥させ、酒などの容器としたもの。
○廉潔＝心が清くて私欲がなく、行いが正しいこと。清廉潔白。
○鬻ぐ＝売る。あきなう。
○門閭＝村里の入口の門。
○旌表＝人の善行を褒めて、広く世間に示すこと。

第三十二　よく働き、またよく楽しむべし

飴屋忠七《あめやちゅうしち》は、東京四谷《よつや》の人にして、年中朝早く起き出《い》でて飴を製造し、寸陰《すんいん》を惜しみて、食時のほか、終日さらに休むことなし。日暮れに至れば、必ず業をやめて風呂に入り、それより破れたる麤服《そふく》を脱ぎて、美麗なる絹の衣服に着替え、黒天鵞絨《ビロード》の褥《しとね》の上に座し、煙草《たばこ》を吸いなどして楽しみ、寝具もまた、ことごとく絹鈍子《どんす》の類を用う。

人、そのゆえを問いければ、忠七答えていわく、「およそ人、昼間はただ己が家業にのみ心を労して、たといいかなる楽ある

も、そのうち利を得んとする心は去りがたし。されば真実、心を慰むるは、夜中、眠りたる間とす。ゆえに我はかくして性を養うなり」と。

この人、歳《よわい》八十まで長生せり。

○寸陰＝ほんのわずかの時間。
○麤服＝粗末な服。
○褥＝座ったり寝たりするときに下に敷くもの。布団・座布団など。

第三十三　富は勉強にあり

総右衛門《そうえもん》は、下野国那須郡《しもつけのくになす》野山村《のやま》の名主、重郎右衛門《じゅうろうえもん》の父なり。はじめその家、いと貧しかりしが、富は勉強にありと思い、十四、五歳のころより未明に起きて股引《ももひき》をはき、足元の見ゆる時分はすでに田畑に出でて仕事にかかり、日、暮れて手先の見えぬころまでは家に帰ることなく、また、夜は縄をない、あるいは草履《ぞうり》・草鞋《わらじ》等をつくり、数十年間かくのごとくして勉め、働きければ、ついに家、富み、あまたの田畑・山林を所有し、何不足なき身分となりけり。

されば子孫等、「今は安楽に世を過ごされよ」と勧めければども、総右衛門、否《いな》みていわく、「我、農家に生まれたれば、一生農業に心を尽くすべし。およそ人たる者、生ある中は業を勉め、天に尽くすべきはずなるに、世上の人、かかる道理を知らず、ただ若きときにのみ働き、老いて後は安楽に暮らさんことを願うは、はなはだしき誤りなり」と子孫に教え諭し、六十年の久しき、かつて一日も怠りしことなし。

村中の者等、これを見習いて自然に勉強の風をなし、田畑開け、物産次第に増えければ、領主、物を賜いてこれを褒賞せり。

○下野国＝現在の栃木県。

第三十四　誰も力を尽くして世益を図るべし

小野弥右衛門《おのやえもん》は、大阪西成《にしなり》郡難波《なんば》村の人にして、常に心を公益に傾く。

かつて同郡鼬川《いたちがわ》は、灌漑《かんがい》の便、少なきがゆえに、その利を起こさんことを図り、多くの財を投じて工事に手を着けたりしが、その辛苦の経営、よく功を奏し、地方、大いに水利の便を得たりしかば、官、殊《こと》にこれを賞し、明治二十年秋、大阪府庁より木盃《もくはい》一個を下賜せられたり。

第三十五　恩を受けては忘るべからず

筧平兵衛《かけいへいべえ》は、摂津国東成郡《せっつのくにひがしなり》今福村《いまふく》の人なり。

明治十八年の夏、大阪府下は非常の大水にて、茨田《まった》・東成両郡のごときは最もはなはだしく、その困難、言わん方なし。ゆえに大阪市中の者はもちろん、外国人までもこれを憐《あわ》れみ、多くの財貨を贈与して性命《せいめい》を全《まっと》うせしめたりければ、当時、その地の人々は皆、その厚恩のほどを感じ、喜び合いたるが、いまだ二年を経ずしてすでにこれを忘れたる者多く、若年の者等は当時の難状を一時の戯《たわむ》れのごとく話しなどして、はなはだ不心得の所為《しょい》ありけるを、平兵衛、大いに憂い、明治二十年の夏、その三周年に当たるをもって、村内の者を集め、一の会を催し、長くその恩を忘れざるためとして、他日、洪水のとき、堤防を守る要具の使用法を講究すること、および勤勉・貯蓄をなして、不時の災難に備うること等を約束し、以後、時々この会を開くことに決したりという。

○摂津国＝現在の大阪府北西部と兵庫県南東部に当たる。

第三十六　人は礼儀を守るべし

孝子・伝蔵《でんぞう》は、六歳のときより毎朝仏壇を掃除し、香花を供え、家内の者、皆礼拝を終われば、己、また仏壇の戸を閉じ、しこうして後、食事につく。

また、神社・仏閣の前を過ぐれば必ずこれを礼拝し、長者に対すれば必ずこれを尊敬せり。

第三十七　父母のためには艱難《かんなん》を辞すべからず

長吉《ちょうきち》は、陸奥国柴田《むつのくにしばた》郡足立《あしたて》村の人にて、父を長五郎《ちょうごろう》という。家、すこぶる貧なりしが、寛延二年、母、病にかかり、幾ほどもなくして、父、また疝気《せんき》を患い、腰、痛みて起《た》つことあたわず。一家、ほとんど飢餓に迫らんとするを、長吉、このときわずかに八歳なりしが、山谷の険阻《けんそ》をいとわず、木を伐《き》り、または枝を拾いて、これを村田街に鬻《ひさ》ぎ、その値《あたい》にて米麦《べいばく》・雪花菜《おから》等を買いて、父母を養えり。とかくする中、母の病は癒《い》えたれども、ゆえありて家を去れり。

すでにして長吉、九歳となりけるが、父の病はいよいよ激しく、家の貧苦はますます迫りければ、寒中、父に被らしむる衣装・夜具の類なく、父を竈《かまど》の前に臥《ふ》さしめ、しこうして昼夜、薪《たきぎ》をたきて寒をしのがしむ。一日、龍雲寺の僧、長吉の孝状を見、大いに感じて米五升を与う。長吉、すなわち独活《うど》と薇《ぜんまい》とを贈りて、これを謝す。僧、いよいよ感じ、また米二升に豆豉《とうし》を添えて与う。

長吉、十一歳となりければ、松板三枚ずつ背負いて村田街に出《い》で、一日二回、往返《おうへん》す。人、皆これを感じ、長吉の売るものは高く買い、また、長吉の買うものは安く売るに至る。

その孝、天に通じてや、その後、父の大病もまた、ついに癒えければ、里人、大いにこれを感じ、相共に謀《はか》りて、長吉が家の租税を代納す。次いで領主もまた、これを賞せり。

○艱難＝困難に出会って苦しみ悩むこと。
○寛延二年＝一七四九年。
○疝気＝漢方の用語で、腰腹部の痛みの総称。
○険阻＝地勢が険しいこと。
○豆豉＝豆を原料とした食品。味噌・納豆など。

第三十八　孝子は人の恵みあり

万吉《まんきち》は、伊勢国鈴鹿峠《いせのくにすずかとうげ》の人にして、父、早く死し、はなはだ貧なり。常に街道に出《い》でて、旅人の手荷物を負担し、峠を上下して賃銭を得、もって母を養えり。

万吉、六歳のとき、一日、士人の手槍《てやり》を担い、峠を下りて銭十文を得、まさに家に帰らんとするとき、幕府の臣、石川忠房《いしかわただふさ》、従者と共にこれを見、戯《たわむ》れに「その銭は誰より得たりや。汝《なんじ》、飴《あめ》を買わんとするか」と。万吉、答うるに実をもってす。忠房、大いに驚き、万吉を携えて茶店に入るときに、馬丁《ばてい》・轎夫《きょうふ》、傍《かたわ》らより万吉の孝状を語る。忠房、いよいよ感じ、ついにその廬《いおり》に至り、金を与え、これより往来、必ずその家を訪《とぶら》い、物を与え、また同僚にもこれを語りてその家を訪わしむ。後三年、左衛門督為章卿《さえもんのかみためふみきょう》、例幣使《れいへいし》として日光山に赴《おもむ》き、帰路、万吉を訪い、金を与う。ここにおいて万吉の孝名、天下に高く、幕府、ついに万吉を江戸に召して、白銀二十錠を賜い、母にもまた扶持《ふち》を与えたりという。

○馬丁＝馬の世話や口取りをする人。
○轎夫＝かごかき。
○廬＝草木でつくった粗末な家。
○例幣使＝例幣（朝廷から毎年の決まりとして神に捧げる幣帛）のために派遣される勅使。
○扶持＝主君から家臣に与えられる俸禄。また、俸禄として与えられる米。

第三十九　知りたることは人に教うべし

田島弥平《たじまやへい》は、上州佐井郡島村《じょうしゅうさいしま》の人にて、わが国有名の養蚕家《ようさんか》なり。

かつて養蚕新論を著せしことありしが、この人、性質至って温順にして、養蚕の法を人に教うるや、はなはだ丁寧親切なるがゆえに、諸国より養蚕修行に来る人、常に多し。また、遠方よりその法を問い合わすれば、直ちに手紙にて懇切なる教示をなして、少しも教えを惜しむことなし。

明治十八年、東京共進会にて、功労一等賞を賜う。

○田島弥平（一八二二～一八九八）＝幕末・明治期の養蚕家。養蚕法の改良に努め、『養蚕新論』『続養蚕新論』を刊行。宮中の養蚕にも奉仕したほか、会社を興してイタリアへの蚕種の直輸出等を行った。
○上州＝上野国（現在の群馬県）の別称。
○共進会＝産業を振興するために、広く農作物や工業製品を集めて一般に展示し、その優劣を審査する会。明治期に各地で開催された。

第四十　我を守りたもうは君なり、その恩を忘るべからず

副島《そえじま》議官、かつて有志者と謀《はか》り、史学協会を設立し、本邦の歴史を講じて、わが国皇統の正系無窮《むきゅう》なるゆえんを究め、ますます尊王愛国の志気を養わんとす。

一日、同会に臨み、会員に演説していわく、「わが身体髪膚《しんたいはっぷ》を生みし者は、父母なり。わが身体髪膚を守る者は、天子なり」。また、いわく「今日《こんにち》、吾人《ごじん》の衣食住をなすの法は、そのはじめ、皆、先王の躬《み》みずから教えたまわざるものなし。これ

をもって、君恩の重きこと、実に測りがたし」と。

○副島議官＝副島種臣（一八二八〜一九〇五）。幕末・明治期の政治家。佐賀藩士。尊王攘夷運動に参加し、維新後に参議・外務卿となるが、征韓論を主張して下野。のちに枢密顧問官・内務大臣等を務めた。
○無窮＝どこまでも続いてきわまりのないこと。無限。
○身体髪膚＝体と髪や皮膚、すなわち身体全部。
○吾人＝わたくし。われわれ。
○先王＝昔の聖王。
○躬みずから＝自分自身で。みずから。

第四十一　人の艱難《かんなん》に遭《あ》うを見ば、力に従いこれを救うべし

明治十八年夏、大阪府下に大洪水あり。諸川の堤防、ことごとく切れ、濁流四方にあふれ、殊《こと》に茨田《まった》・東成《ひがしなり》両郡のごときは最もはなはだしく、村里・田園、皆水底《みなそこ》に沈み、居民わずかに辛くして溺死《できし》を免る。されば官、大いに吏員を派して、救恤《きゅうじゅつ》を行えども、勢い急迫にして、その困難、言わん方なし。

ときに大阪市中の者は論を俟《ま》たず、各地の有志者、および外国人までもこれを憐《あわ》れみ、おのおの多少の金穀を醵出《きょしゅつ》して、そ

の急を救えり。

○吏員＝公共団体の職員。地方公務員。
○救恤＝困窮者・罹災者などを救い、金品を恵むこと。
○金穀＝金銭と穀物。金品。

第四十二　仁義のためには金を出して惜しむべからず

明治十九年、英船ノルマントン号、紀伊の沖において暗礁《あんしょう》に触れ、船体毀損《きそん》してたちまち沈没す。該船長・ドレーキという者、無情にして、わが国民二十五人の乗客をして、ことごとく死に至らしむ。

ときに東京五大新聞社、発起して、その遺族の救恤金《きゅうじゅつきん》を募り、各地の新聞社、これを賛成し、有志者、争うて各自多少の財を義捐《ぎえん》せし金額、およそ二万円、ここにおいて遺族、いささか愁《しゅう》眉《び》を開くを得たり。

○愁眉＝憂いでひそめた眉。憂わしげな顔つき。

第四十三　妻は常に夫のことに心を用うべし

寺井《てらい》クイは、長崎県下松村の士族・寺井亀太郎《かめたろう》の妻なり。明治七年、佐賀の乱起こるに及び、夫・亀太郎はその変を聞くや、直ちに短刀のみを提げて官軍に従いけるを、クイは家にありてその報を得、思えらく「夫の戦場に立つに、短刀のみにては敵を制するに足るまじ」と。急に太刀《たち》を取りて家を出《い》で、日暮れに及べどもさらに屈せず、夜中、山間の径路、数里を走り、ようやくにして武口というところにて夫に追いつき、その太刀を渡したり。

後、このこと官に聞こえければ、官、大いにその忠節を嘉《よみ》し、厚く恩賞を賜りしという。

○佐賀の乱＝明治七年（一八七四）に佐賀県で起こった不平士族による反乱。

第四十四　同国の民はなお兄弟のごとく親しむべし

浜田弥兵衛《はまだやひょうえ》は、長崎の商人なり。性質、義を好み、智勇、人に優れり。

かつて長崎の商船、台湾の近海を航せしに、同島を横領せる紅毛人《こうもうじん》等、これを見て、たちまちその船を脅かし、人を殺し、貨物を奪う。当時わが国、いまだ幕府の治世なりければ、そのままにうち過ごすを、弥兵衛、大いに憤り、「いやしくも同胞の国民をかかる蛮人《ばんじん》に掠殺《りゃくさつ》せしむること、一は死者のため、一は国威のため、いずれももって座視するに忍びず。ひとたびその讐《しゅう》を報じて国威を輝かさん」と、弟・左右衛門《さえもん》と共に、同志の農民四十人を募り、直ちに台湾に押し渡りて、不意に蛮民を攻撃し、多く敵を殺して、ついにその酋長《しゅうちょう》を虜《とりこ》にし、帰れり。

○浜田弥兵衛＝江戸初期の長崎の貿易商。当時、台湾を占拠していたオランダに朱印船貿易を妨害されたことから、一六二八年、武装した乗組員を率いて渡台。オランダの台湾長官を捕らえて長崎に連れ帰り、談合の末に和解した。
○紅毛人＝江戸時代に用いられたオランダ人の異称。
○酋長＝部族や氏族などの長。

第四十五　身、死するとも朝廷に背くなかれ

明治十年五月十八日、賊軍一隊、豊後臼杵《ぶんごうすき》に乱入し、同地の士族を煽動《せんどう》す。

士族、これに応ずる者多き中に、ひとり岡純一郎《おかじゅんいちろう》等数人、毅然《きぜん》として大義を唱え、あえて賊に与《くみ》せず。賊兵、皆その家に迫り、これを脅かす。純一郎等いわく、「死して国民の務めを果たすも、生きて賊名を負うを欲せず」と。ついにおのおの屠腹《とふく》して死せり。

また、牧田《まきた》・小川《おがわ》の二人は、賊軍に突入してこれと奮戦し、

敵十数人を斬《き》りて、ついに死せり。

○屠腹＝腹を切ること。切腹。

第四十六　たとい命を捨つるとも国の辱《はずかし》めをなすべからず

陸軍大尉・磯林真三《いそばやししんぞう》、かつて朝鮮内地の地理を研究することに熱心し、八道中ほとんど旅行を終わりし際、明治十七年の変乱起こり、暴民蝟集《いしゅう》して、これを囲む。大尉、すなわち語学生・赤羽《あかばね》と共に刀を抜き、連れてこれを防ぎ、縦横奮戦、敵を斬《き》ることはなはだ多し。

もしこのとき、血路を開きて逃れんとせば、あるいは一命を全《まっと》うし得べきを、大尉は日本男子の胆力を表し、見苦しき挙動はなすまじと心に覚悟したりければ、群がる敵に面《おもて》も振らず、踏み込み踏み込み突戦して、ついに討ち死になしたりけり。

○八道＝朝鮮の京畿道・江原道・咸鏡道・平安道・黄海道・忠清道・慶尚道・全羅道の総称。
○明治十七年の変乱＝一八八四年、朝鮮で起こったクーデター（甲申事変）。一一三ページ参照。
○蝟集＝多くのものが群がり集まること。

第四十七　人の見ざるところにても悪しき行いはなすべからず

戸口大三郎《とぐちだいさぶろう》は、豊後国速見郡《ぶんごのくにはやみ》別府《べっぷ》村の者にて、十余年間、車曳《ひ》きを営業とすれども、いまだかつて人と争論せしこともなく、かつ、その組合中において最も正直者と呼ばれ、一度も私曲《しきょく》の行いをなさず。

かかる者なれば、一日、大分県師範学校の側なる街路にて、銭および物品四点を拾い上げしに、折節《おりふし》、行人《こうじん》も途絶えて、見る人とてはあらざりしを、そのまま警察署に届け出《い》でたりという。

○私曲＝不正なこと。

第四十八　孝子は世の規範たり

谷《たに》ヒサは大阪北区天神橋《てんじんばし》筋、木綿太物《もめんふともの》商・谷安二郎《やすじろう》の姉なり。幼にして父を失い、母、また病にかかりけるを、ヒサ、日夜病床に侍して、湯薬奉養《とうやくほうよう》、数年の間、一日も怠ることなく、また弟を愛し、業を励みて一家の親睦《しんぼく》を全《まっと》うす。事、四方に聞こえ、新聞紙、またこれを称揚す。

ここにおいて建野《たての》知事、金若干を賜いてこれを賞し、その善行を顕《あらわ》せり。

○太物＝綿織物・麻織物など、太い糸で織った織物。絹織物に対して言う。
○湯薬＝煎じ薬。
○奉養＝親や目上の人に仕えて養うこと。

第四十九　一文の貯《たくわ》えも久しく積めば大金となる

藤谷文七《ふじたにぶんしち》・山本利助《やまもとりすけ》・宗徳常七《むねのりつねしち》等は、大阪の人なり。かつて同志、相会し、「各自に日々月々、些少《さしょう》の金を貯え積み、数年の後、これを合わせて一会社を設け、府下無産の婦女子をして業に就き、産を得せしめん」と、固く約して別れたる後は、おのおの無用の費を省き、日に一厘または一銭を貯え、明治二十年の夏ごろまで、同志の貯蓄、ほとんど千余円に上りたり。されば同志者、会議して、大阪蚕業《さんぎょう》会社を起こし、かの千円をその資本の基礎として、また同志より別に出《いだ》せし金、円四千を加え、完全なる蚕事場を設けて、幾多無産の婦女子を使役するに至り、ついにその目的を達するを得たり。

○無産＝職業のないこと。
○蚕業＝蚕を飼って繭をとり、糸を製する産業。養蚕・製糸業。

第五十　国難に当たりては誰も力を尽くす

明治十年、西南の乱には各地の士族、官軍に従い、処々の賊兵を討ちて大いに戦功あり。

その後、明治十五年および十七年、朝鮮変乱のときは、各府県下の士族・平民、従軍を願う者数万人に及び、なかんずく奥羽地方の壮士のごときは、自費をもって従軍を願う者多かりしは、奇特の挙と言うべし。

○西南の乱＝西南戦争。明治政府に対する不平士族の最大かつ最後の反乱。明治十年（一八七七）、鹿児島の士族が西郷隆盛を擁して起こしたもの。

○明治十五年および十七年の朝鮮変乱＝当時の朝鮮では、清との関係を維持しようとする事大党と、日本をモデルに近代化を進めようとする独立党が対立。一八八二年には改革に反発する軍人の暴動（壬午事変）、一八八四年には独立党の金玉均らが日本の援助を得てクーデター（甲申事変）が起こしたが、いずれも清軍に鎮圧された。

新編小学修身用書　巻之一　終

解　説

『新編小学修身用書』は明治二十一年（一八八八）、廣池千九郎《ひろいけちくろう》によって編纂《へんさん》された尋常小学校修身科口授《くじゅ》用の教材です。本書の特質を述べるにあたって、明治初期の教育事情を一瞥《いちべつ》し、あわせて当時の廣池の教育観を紹介します。

近代国家をめざして

江戸時代には、庶民の子弟のために厳格な寺子屋教育が行われ、武士の子弟に対しては藩校での教育が盛んでした。この身分制度に基づく教育体制を打破し、近代国家としての新たな統一された教育を実施するため、明治五年（一八七二）に新政府のもと、「学制」が定められました。これを機に、封建的な教育体制は終焉《しゅうえん》を告げ、制度的には近代学校教育の幕開けとなります。後に「学制」は改正され、「教育令」（明治十二年）や「改正教育令」（明治十三年）が施行され、さらに明治十九年には、児童・生徒の教育の振興をめざして「小学校令」が施行され、わが国における初等教育は、近代国家をめざして徐々に整備されていきました。

この新たな教育制度を具体的に展開するうえでは多くの議論が積み重ねられ、特に修身教育（徳育）の内容をめぐっての論争は、新しい時代を託す青少年の育成という国家的な課題に応《こた》えるための胎動でした。

この気運は全国的に高まり、各地において独自の教育が展開されましたが、当時の教材は洋書の翻訳本であり、その内容は必ずしも日本の風土・歴史を反映したものではありませんでした。また、従来行われていた儒教の徳目主義や仏教の法話による説教は、新時代を担う青少年の育成に適うものではなく、その教育理念の確定と教育内容の選定は、急務であったのです。

このころ小学校で教鞭《きょうべん》を執っていた廣池千九郎が、地域の教育改善に取り組むとともに、『新編小学修身用書』を発行したのは、このような時代の趨勢《すうせい》に応えるものでした。

青年廣池千九郎と地域教育の改善

廣池千九郎は慶応二年（一八六六）、大分県中津で生まれました。江戸時代、この地は三浦《みうら》梅園《ばいえん》、広瀬淡窓《ひろせたんそう》、帆足万里《ほあしばんり》などを輩出し、独創的な儒学の学統がありました。特に中津藩の医師であった前野良沢《まえのりょうたく》に代表されるように、医学や蘭学がわが国で最も早く注目された先進

青年期の廣池千九郎
（明治26年、長男誕生の記念写真）

の地であり、文明の開化を唱えた福沢《ふくざわ》諭吉《ゆきち》の出身地です。廣池はきわめて進取の気風に富んだ土地で育ち、その青年時代を過ごしたのです。教育界においても、明治十九年には「小学校令」に即した教育政策により、尋常小学校（四年制）の第一学年から第四学年に対する修身教育の実施が本格化しました。前年の明治十八年には教職員組合の前身である「大分県共立教育会」が設立され、その後、全国に先立って教員の互助会が設立されるなど、新たな潮流を生んでいます。

このような時代や土地柄に支えられ、廣池は就学の後、自己の歩むべき道を学校教育と歴史研究に求めたのです。

明治十八年、大分県師範学校の初等師範科の卒業証書を授与された後、「大分県共立教育会」の会員となった廣池は、教鞭を執る一方で、本格的に地域の教育改革に尽力しました。

まず着手したのは、教育に対する地域の住人の意識改革です。特に地方の農村地域での就学率は低いものでした。農家にとって就学期の子供は働き手であり、子供を学校に通わせることは、働き手を失い、学費を払わなければならないという二重の損失を被ると考える親が多かったのです。学校教育の普及のためには、まだ多くの人の努力と長い時間が必要でした。特に初等教育の普及は親の理解を前提とします。そこで廣池は地域の住人を戸別に訪問し、「子供に教育を受ける機会を与えることは、何にも増して重要な親としての義務である」と説いて歩いたのです。さらに明治十九年には「親を安心させると同時に地域社会の風俗を正す」徳育を主とする夜間学校を設立するなど、地域の教育の改善に尽力しています（『遠郷僻地夜間学校教育法』明治二十一年序・未刊）。

次に、教育者の養成と、その待遇の改善（身分の保証）です。教育者の人柄は直ちに児童・生徒に大きな影響を及ぼします。よって、教師は「自己の品性」の向上を心がけ、「偏《へん》頗《ぱ》の行為（自分の偏った主義主張を生徒に押し付けること）」を避けることなど、教員の資質の向上を提唱する一方、大分県共立教育会の会員として教員の待遇の改善を唱え、「大分県教員互助会」の設立に尽力しました。その努力は報われ、全国に先駆けて、明治二十四年に共立教育会の事業の一環として、互助活動が実施されています。

さらに、新時代の国民を育成するための教育方針の確定と、それに沿ったテキストの編纂です。「勧学」を進める国家の体制は、立身出世をめざして高位高官を志す気風を育《はぐく》み、それは庶民、とりわけ青年層に夢と希望を与えるものでした。しかし、偉人の成功談を学ぶことは児童・生徒の志を高める一方で、実業に対する軽視という弊害をもたらすとして、廣池は教育の方針を「学問は教員官吏となるの階梯《かいてい》にあらずして、実業を助け、世の幸福を維持増進する」ことと定め、「社会の福祉」を増進する意志を養うことこそが、修身教育の目的であるとしたのです（「学校生徒実業を重んずる習慣を養成する法案」『大分県共立教育会雑誌』第十七号、明治十九年）。

今回復刻された『新編小学修身用書』は、このような理想を抱いた有意の青年よって編述されたものです。

歴史研究と道徳教育

当時の修身のテキストは、翻訳書が新たに取り入れられたとはいえ、なお儒教・仏教の古典的なテキストもあり、さらに旧来の日本国体を尊ぶテキストが使われていました。これらに対して、廣池は歴史学を志す学徒としての立場を貫いています。

廣池の歴史研究は、当時の学界の動向に沿うものでした。歴史学の課題は文明の進歩の道筋を明らかにするものであり、その道筋に人類の「知恵の進歩」を見いだすとともに、それに伴う「人心の働き」に見る「定則」（普遍的な道）を探求し、将来にわたる国家・国民の指針を模索しようとするものです。このような意味で、歴史研究は近代国家をめざすために不可欠な学問であったのです。

廣池は本書を編纂するのと並行して、明治二十一年に「新撰中津興廃記」の執筆に取りかかっています（『廣池千九郎日記』①六一ページ）。これは足かけ三年の歳月を経て、明治二十四年に『中津歴史』として公刊されました。地方史の先駆とされる『中津歴史』は、廣池の歴史研究に対する使命感と、その道徳思想および教育観の特質を示すものです。

廣池によれば、地方史研究の意義には二つあるといいます。第一は「国史編纂」に材料を提供することです。当時はすでに開国も進み、西洋の文化が怒濤《どとう》のごとく日本に押し寄せていました。その国際化していく現状に鑑《かんが》み、廣池は日本人としての自国の文化に対する自覚を説き、「国史」の編纂は国民教育の基礎をなすものであるという立場に立っていました。したがって『中津歴史』の執筆は、単に一地方の住人に寄与するだけにとどまらず、その根底には日本人全体を啓蒙するという意志がありました。

第二は、その土地の住人に独自の歴史や文化を知らせることの重要性です。地方史の研究成果によって、その地域の独自の文化を育んだ数多くの先人の存在を知ったとき、私たちは名も知らぬ人々の努力によって現在の生活が存在するということに気づき、その恩恵に対して感謝の念を抱きます。その感謝の念は地域社会への愛着を育て、「地域社会へ貢献したい」という公的な心を培うことになります。廣池は、その心こそが地域の住人としての自覚を高め、日本人としての自覚、ひいては人間としての根源的な自覚に通じていくと考えたのです。

人間としての自覚は道徳の根底に流れるものですが、それは歴史的に積み重ねられた文化、特にその文化を継承し発展させた人々の努力、そしてその遺志を受け継ぐ現実の活動や生活を前提として育まれるものであるとするところに、歴史研究を志す廣池の立場がありました。

『新編小学修身用書』の編纂

廣池は「歴史を学ぶ」といった場合、日本史や世界史のテキストによって学ぶようなものだけでなく、私たちの身の回りに学ぶべき歴史が「先人の生き方」という形で存在していると考えました。その先人の生き方やものの考え方に、道徳的な要素を見いだすことができるならば、その歴史的な事実は道徳を実行することの効果を実証するものとなります。言い換えれば、歴史研究の成果は、社会の発展や文化の進歩における道徳の意義を示唆することになるというのです。このように、先人の発明や工夫、さらに誠実さや勇気が人々の生活を豊かにし、世の中を進歩発展させる源であったという事実こそが、歴史研究を志す廣池が注目した最も重要な「歴史」でした。道徳とか人としての生き方といったものは、「神の意思」とか「天の道」をその起源として説くことができ、また従来、そのように説かれてきました。しかし、廣池は一面において神仏を敬い、自然の法則を尊重しつつ、それらを現実の社会において実現したものとして、先人の経験を歴史的な事実として尊重したのです。本書が個人の事跡を中心として編纂されているゆえんです。

『新編小学修身用書』は全三巻から成り、尋常小学校の二年生、三年生、四年生に対応させた口授用のテキストです（なお、第一学年用として「改正新案小学修身口授書」の稿本が遺されていますが、未刊であるため、巻末に付録として収録しました）。本書の校閲者・増川蚶雄《ますかわかんゆう》は「大分県共立教育会」の創設に関わった人物です。

本書編纂の意図するところは、児童・生徒に近代的な国家の国民としてふさわしい自覚を促し、中でも「学問と実業とを兼ね愛する念」を育てることに主眼を置くものでした。そして、この主題に適した人物の事跡、百五十例（各巻五十例）から構成されています。百五十例とは、週一時間、年五十週、三年間の授業時間数に対応させたものです。

明治21年12月発行の『新編小学修身用書』（全3巻）

本書で採用された人物は、決して歴史的に著名な人の偉業ではなく、官報や広報・新聞などの記事や、廣池自身が実際に見聞し、また調査した個人の事跡を教材とし、すべて近代・現代に生きた日本人でした。それは「児童の感覚をして切実ならしむる」ための教育的な配慮に基づいています。つまり、身近な先人の生き方という歴史的な事実を通して、実生活に根差した、より切実な課題を示唆することを意図しています。

このような考えに基づいて採用された人物は、実に多岐にわたっています。貧しくても勉学に励んだ人、親や友人を大切にした人、勇気をもって誠実に生きた人、国を愛する心を持っている人、家業に励んだ人、人のために自分の力を生かした人、発明や工夫によって人々の生活を便利にし、豊かにした人など、男女を問わず、近現代において社会の進歩に貢献した人々の生き方やものの考え方を中心として編纂されています。決して古典や歴史物語に出てくるような偉人・賢人の話ではないのです。

廣池は、古典や擬人化された物語を用いて比喩《ひゆ》的に道徳を説くよりも、身近な先人の生き方そのものを示すほうが、先人から受けている恩恵を実感させることができるだけでなく、地域の住人としての自覚を促すこともでき、日本の近代化に向けての、より大きな教育効果を期待できると考えたのです。また、立身出世の偉人伝を採用するのではなく、農業、商業、漁業、林業、蚕業などの実業に携わる人々の生き方を通して、実際の生活に根差した人としての生き方を数多く示すことに重きを置きました。

そのため、各項には格言調の言葉で要点が示されています。これは、その項で紹介する歴史的事実から何を学ぶのかという点についての示唆であり、何よりも、短い格言ならば記憶にとどめやすく、機に臨んで物事に自発的に対応することができます。道徳の実践を促すためには、教条的な方法で行うよりも、生徒の自発性を尊重しなければならないということは、教育者としての大切な配慮です。

また、各巻を通読すると、学習への意欲や親への孝養、さらに日常の些細《ささい》な心がけといった個人的な課題から、実業界など社会活動への関心、そして国民としての自覚、さらに生徒の関心を世界へと誘《いざな》っていきます。そこに学年に応じた配慮を見いだすことができますが、廣池自身がそれをどのように意識していたかは、定かではありません。むしろ、この教材を活用する修身担当教師の教育力に委《ゆだ》ねられているように考えられます。なぜならば、教室で習得した知識は体験を通して身につき、開花し、やがて結実するものです。よって、児童・生徒の境遇や資質によってその時機は異なり、むしろ生涯をかけて育み、人格の形成に資していくものだからです。

理想的な人間像

本書の内容を吟味すると、当時の廣池が脳裏に描いた近代国家の国民としての条件が浮かび上がってきます。

第一に、明治に入り、国際化が進む中で、国民として育まなければならないのは「自国を思う心情」であるとする点です。廣池は、自国の文化への造詣《ぞうけい》と敬意を抱くことこそが、国際化していく将来を担う人士にとって不可欠な要素であるとしています。

第二に、国民としての道徳心は、「地域社会への貢献」を通して世の中の福祉に寄与することにあるとする点です。親の心を思い、家業を受け継ぐことは、その土地の伝統的な文化を継承することであると同時に、国家の近代化を推し進めていくための原動力となるとしています。

第三に、男女を問わず、自分の才能や能力を人のために生かすことの大切さを説いています。発明や創意工夫によって世の中の人に豊かさを与えた事例を挙げ、国民は「国が自分たちに何をしてくれるか」を問う前に、まず「自分が国に対してどのような貢献ができるか」を自問せよ、と訴えかけているのです。

第四に、新時代の国民として、迷信や古い慣習にとらわれない科学的な合理主義の精神を尊んでいます。そのために学校教育を真摯《しんし》に受け、新進の学問を修め、みずからの学習意欲によってこれを身につけなければならないとしています。

廣池の道徳思想・道徳教育の起点となる『新編小学修身用書』には、廣池自身が生涯にわたって大切にしてきた人類の安心と幸福を志向する信条が萌芽《ほうが》しているのです。

（廣池千九郎記念館館長／井出　元）

付録◆改正新案小学修身口授《くじゅ》書外篇（稿本）

【緒言】

本篇は、尋常小学一年級の修身科に口授すべきものなり。

元来、教授の主義は、既知より未知に、有形より無形に入るべきものにして、児童脳力の進歩と併行するを要することは、つとに世の教育者の認知するところなれども、しかれどもその応用の術に至りては、けだし、はなはだ疎く、修身科を幼児に授くるにあたり、あるいは人物の行為を語り、あるいは異邦の鳥獣を話し、もってその目的を達せんとする者あり。誤れるのははなはだしき者と言うべし。それ、幼児は心がはなはだ狭く、経験、また至りて少なければ、人物の行為、異国の鳥獣、いかにその談平易なるも、よくこれを理解して中心に感情を発起するに至るや難し。予はいまだ泰西諸国において、かかる迂闊《うかつ》の方法を用うる者あるを聞かざるなり。

これをもって、修身科の初歩は、また実物的の教授法によらざるべからず。実物的の教授とは、実物図画の手段、もしくは幼児の経験中の行為につき、比喩《ひゆ》を設け、もって児童の感情を誘起し、その徳性を開発する法なり。予は多年、この法を実験して、ようやくその功あるを認定せり。

今、本篇に記載する五十有項の格言は、すなわち、予がこの間に実施せし教案中より選抜したるものなれば、かの机上燈火に漫書せしものに比すれば、いささか優るところあるを信ず。本書の成るに及び、この篇をもって付録とす。

明治二十年十一月　　編者識

【例言】

一、書中、格言は皆、対句体に作る。これ、教授上に必要なる伴生《はんせい》の記憶に訴えんがためなり。例えば、児童「山高し」という格言を思えば、「親の恩大なり」ということを伴生するがごとし。

一、対句中、前句は実物図画、および幼児実験中の状を写し出し、後句はその開発せんとする徳性の目的を写し出す。これ、ダニール・ウェブスター氏の法を祖述せしものにて、最も授けやすく、最も了解しやすき法なり。

一、教授法の一斑は、最初、対句中の前句の意義より後句の意義に話を移し、次に両句の意義を対照反復問答し、児童をして発然、心に悟るところあらしめ、しかる後、なお問答法により生徒と共にその意義を概括し、一の簡単なる格言を作りてこれを講義せしめ、後、生徒各自の手帳に記載せしむ。

【本文】

※第八・十五・二十一・三十一・三十四・三十五・三十六・四十七・四十八 欠

第一　高きものは富士の山なり、大なるものは親の恩なり

第二　糊《のり》と膠《にかわ》は柔らかにして物につき、兄弟は仲よくして離るることなし

第三　子鳩は親鳩より三枝の下にとまる、子供は大人の下に座るべし

第四　子鳥は親鳥を養い返す、子は父母に孝行すべし

第五　猿は人に似れども礼を知らず、人も礼を知らねば猿と同じ

第六　箸《はし》も三本合すれば折れず、兄弟も力を合すれば強し

第七　鶏はよく歌えども言葉を知らず、人も言葉の卑しき者は鶏に同じ

第九　墨を面につけて鏡を見れば面黒し、悪しきことをして先生を見れば面赤し

第十　他人が自分の品物を扱えば快くなく、己は他人の品物を扱うなよ

第十一　田植えのときは雨降りを厭《いと》わず仕事をなす、学校に来る者も雨風を避《よ》くるな

（子供も雨風を厭わず学校に来るべし）

第十二　親の田畑において働くを思い、子供は学校にて励むべし

第十三　親は麦飯を食らいて田畑に働き、子供は弁当を持って学校に来る

第十四　親に魚の頭を食らわせ、子は魚の身を食うはよからず

第十六　学校に来るとき人に捨てらるれば悲し、近所の友だちは誘い合わせて来るべし

（第十六）　瓢箪《ひょうたん》も水を入れねば立たず、人も学問をせねば立たぬ

第十七　己の足に履く足袋《たび》は母の手にて作りしものなり、
その恩を思いて粗末にすべからず

第十八　己の足に履く草履《ぞうり》は兄の手にて作りしものなり、その恩を思いて汚すべからず

第十九　己は弟より年多し、毎朝弟より早く起くべし

第二十　己は兄より年少なし、飴菓子《あめがし》等は少なく取るべし

第二十二　白墨は白けれども墨を塗れば黒くなる（朱を塗れば赤くなる）、
人はもと善けれどもわろき友に交われればわろくなる

第二十三　渋柿《しぶがき》は渋けれどもこれをあわせば甘くなる、
人ももと愚かなれど学問すれば賢くなる

第二十四　財布の口もたびたび開くれば金を失う、人の口もあまり使えば誤りでくる
第二十五　熟し柿の地に落ちて毀《こわ》るるを見、人も木に登れば落ちて怪我《けが》すると思え
第二十六　石の水中に落ちて沈むを見、人も水中に落つれば沈むと思え
第二十七　己の人より打たるるときは痛し、己は人を打つべからず
第二十八　子供の病あるとき母はこれを抱く、親の病あるとき子は傍《かたわ》らを離るるな
第二十九　父と兄とは夜よそに行く、夜化物のなきを知る
第三十　花は木よりも美しけれど早く枯る、衣物も知恵より美しけれど早く破る
第三十二　軒下の石も雨にくぼけ、難しき文字も努むれば覚う
第三十三　根の真直《ますぐ》ぐき大根は種子となる、心の真直ぐき子供はよき人となる
第三十七　鹿は冬日穴を出るゆえに猟師に撃たる、子供は冬日家を出るゆえに風邪《かぜ》をひく
第三十八　夏は暑きがゆえに火は欲しくなし、人も賢ければ美しき着物いらず
第三十九　水は火の燃ゆるによりて沸き、人は親の養いによりて長ず
第四十　家の窓は明《あか》きゆえに誰もこれを好く、人の行いも明ければ誰にも好かる
第四十一　白墨は体を粉にして生徒のために働く、
子供もみずから働きて人の用事を助くべし

第四十二　唐傘《からかさ》はみずから濡《ぬ》れて人を助く、子供はみずから苦しみて親を助く
第四十三　河原の石も磨けば光あり、愚かなる人も磨けば知恵あり
第四十四　砂糖と塩は形同じけれど味違う、善人と悪人とは形同じけれど心違う
第四十五　炭は黒けれども炉に入るれば赤くなる、人も愚かなれども学校に入れば賢くなる
第四十六　百舌《もず》は高く飛ぶゆえに鷹《たか》に蹴《け》らる、子供も高ぶるときは人に憎まる
第四十九　己は人より打たるれば痛し、鳥虫類を殺すべからず
第五十　板切れも一本にては立たざれど三本寄ればよく立つなり、
人も一人では立たざれど友だちと仲よくすればよく立つなり
第五十一　傘を持たぬに雨が降れば濡るる、勉強せぬに試験が来れば落第する
第五十二　つぼみのときに枝を折れば花咲かず、幼きとき学校に来ねば字を知らず
第五十三　己の身の丈伸ぶを見、父母の命の縮まるを知れ
第五十四　金魚は美しけれど食用とならず、弁当の器も美しきのみでは食用とならず
第五十五　壁に向きて立てば向こう見えず、悪人に交わりて遊べばよきこと目にかからず

廣池千九郎（ひろいけ ちくろう）

慶応２年(1866) ３月29日、大分県中津市生まれ。青年期に教育者として初等教育の普及に取り組み、未就学児童のための夜間学校開設や、道徳教育の充実を目的とした『新編小学修身用書』の発行、日本初の教員互助会の設立などにも尽力した。さらに地方史の魁となる『中津歴史』を執筆、のちに『古事類苑』(日本最大の百科史料事典)の編纂に携わるとともに、「東洋法制史」という新しい学問分野を開拓、大正元年に独学で法学博士号を取得した。

大正15年、『道徳科学の論文』を完成させ、総合人間学モラロジーを創建。昭和10年、千葉県柏市に「道徳科学専攻塾」を開設し、モラロジーに基づく社会教育と学校教育を共に行う生涯教育をスタートさせた。現在、社会教育は公益財団法人モラロジー研究所、学校教育は麗澤各校(大学・高校・中学・幼稚園)を有する学校法人廣池学園へと受け継がれている。

昭和13年(1938) ６月４日逝去。享年72。著書に『支那文典』『東洋法制史本論』『伊勢神宮と我国体』『日本憲法淵源論』『道徳科学の論文』ほか。

新編小学修身用書　巻之一

平成26年３月29日　初版第１刷発行
平成26年６月26日　　　　第２刷発行

著　者　廣池千九郎

編　集
発　行　公益財団法人 モラロジー研究所
〒277-8654 千葉県柏市光ヶ丘2-1-1
TEL.04-7173-3155(出版部)
http://www.moralogy.jp/

発　売　学校法人 廣池学園事業部
〒277-8686 千葉県柏市光ヶ丘2-1-1
TEL.04-7173-3158

印　刷　シナノ印刷株式会社

ISBN978-4-89639-237-1